VIE
ABRÉGÉE
DE SAINT DIÉ

LÉGENDE
RIMÉE ET CHANTÉE

AVEC

NOTES EXPLICATIVES

PAROLES & CHANT

DE L'ABBÉ X***

SAINT-DIÉ

IMPRIMERIE & LITHOGRAPHIE L. HUMBERT

1879

VIE
ABRÉGÉE
DE SAINT DIÉ

LÉGENDE
RIMÉE ET CHANTÉE

AVEC

NOTES EXPLICATIVES

PAROLES & CHANT

DE L'ABBÉ X***

SAINT-DIÉ
IMPRIMERIE & LITHOGRAPHIE L. HUMBERT

1879

LÉGENDE RIMÉE & CHANTÉE

DE SAINT DIÉ.

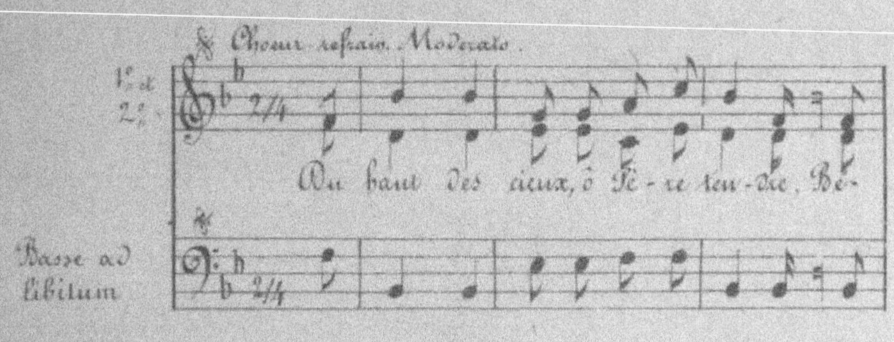

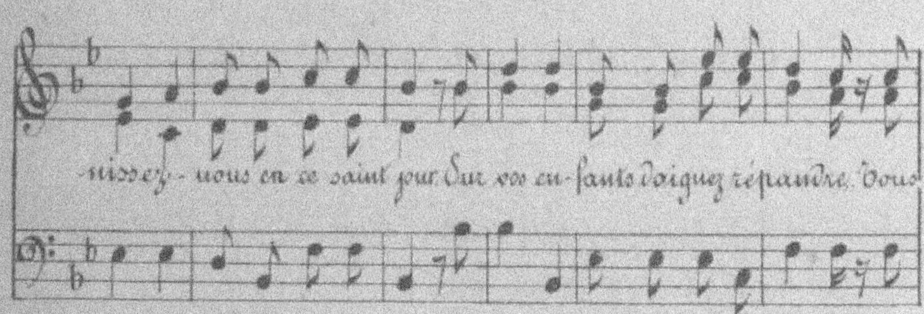

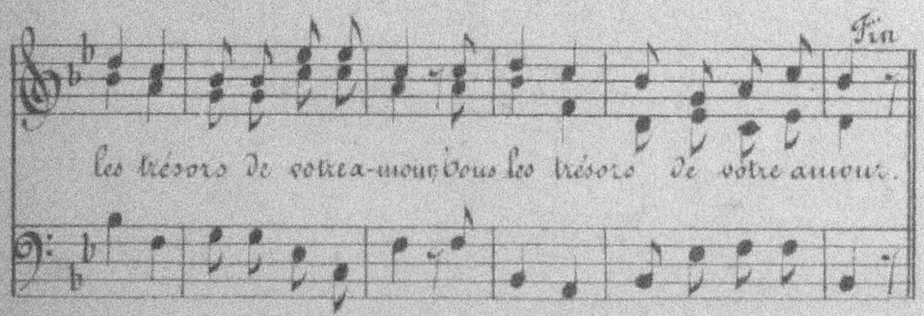

Couplet-soli.
Is - su du sang royal de France, Saint Dié dans la Neustrie est
Solo.

né. Talent, ver - tu, haute nais - sance. Tout aux hon -

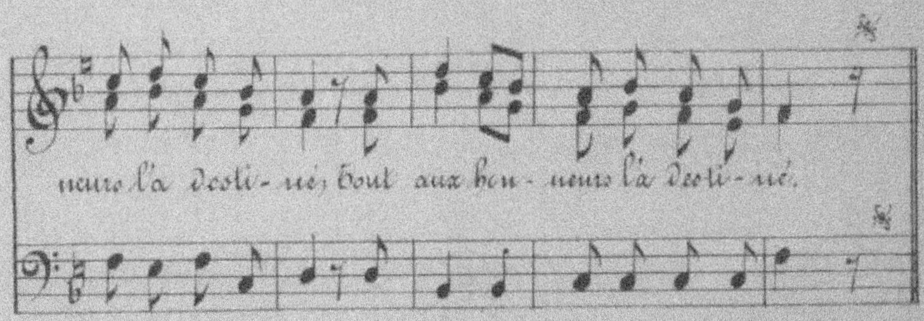
neurs l'a desti - né, Tout aux hon - neurs l'a desti - né.

PROLOGUE

Le seul titre de cette petite poésie historique à l'attention des fidèles est d'être un acte de piété envers saint Dié, notre glorieux et bien aimé Patron.

« Les compositions de ce genre, dit Monsei-
« seigneur de Briey dans une lettre de bienveil-
« lante félicitation adressée à l'auteur, sont une
« excellente manière d'honorer les Saints, parce
« qu'elles deviennent facilement populaires. »

L'auteur ne s'est pas proposé d'autre fin ; et il a pensé que pour l'atteindre, il rencontrait dans la célébration prochaine du 12e centenaire de saint Dié l'occasion la plus opportune et la plus favorable.

Daignez donc, ô saint et illustre Patriarche, inspirer à vos pieux enfants le goût de chanter dans ces vers simples et naïfs votre vie si sublime et si admirable.

Agréez surtout avec bonté ce faible tribut que vous offre de sa grande dévotion le dernier de vos disciples, et le plus humble de vos serviteurs.

Au jour anniversaire de la mort de saint Dié,
19 juin 1879.

NOTE

—

Les chants historiques, ou *chansons de Gestes,* faisaient les délices de nos pères, au Moyen-âge. Les légendes rimées des Saints jouissaient, sous ce rapport, d'une faveur particulière. C'est pourquoi on a adapté à celle-ci un air facile et populaire, dans lequel l'invocation finale sert de chœur et de refrain.

VIE
DE SAINT DIÉ

CHAPITRE Ier

Naissance de saint Dié. — Sa vocation au sacerdoce. — Son épiscopat à Nevers. — Son abdication. — Son arrivée dans les Vosges.

1

Issu du sang royal de France,
Saint Dié dans la Neustrie est né.
Talent, vertu, haute naissance,
Tout aux honneurs l'a destiné.

1. Saint Dié, ou Dieudonné, en latin *Deodatus*, naquit dans le royaume de Neustrie, sous le règne de Clotaire II, en 599 ou 600. On ne connait pas avec certitude le lieu précis de sa naissance, ni sa famille; mais on croit généralement qu'il était de la race royale des Mérovingiens. Ce qui confirme cette opinion, c'est la concession d'un domaine aussi considérable que le Val-de-Saint-Dié. On ne l'aurait pas faite, ce semble, à tout autre qu'à un prince du sang.

2

En lui la grâce des manières,
La rare noblesse du port,
L'air modeste, et des mœurs sévères
Forment le plus heureux accord.

3

A son service Dieu l'invite ;
Et le prince monte à l'autel,
Plus fier du titre de lévite
Que d'un royaume temporel.

4

Voici briller du jeune prêtre
L'éloquence unie au savoir :
Dépôt sacré du divin Maître,
Qu'il fait excellemment valoir.

2. Le plus ancien de ses historiens dit qu'il était de très-haute taille, et aussi distingué par la beauté physique que par la bonté du cœur : *Statura procerissimus, forma elegantissimus, cordeque clementissimus.*

4. S. Pierre Damien dit qu'il était aussi éminent en science qu'en sainteté : *Insignis doctrinæ et summæ sanctitatis vir.*

5

La naissante lumière attire
Tous les regards par son éclat;
Mainte église en veuvage aspire
A posséder un tel prélat.

6

Nevers obtient ce privilége.
Mais dans sa nouvelle grandeur
Saint Dieudonné redoute un piége
Pour l'innocence de son cœur.

7

A ce grand cœur les biens du monde
N'inspirent qu'un profond dégoût.
Ce n'est qu'en son Dieu qu'il se fonde;
Dieu seul est sa vie et son tout.

8

Le timoré pasteur abdique,
Et suit l'irrésistible attrait,
Qui, par la vie érémitique,
Doit le conduire au bien parfait.

6. Saint Dié fut le treizième évêque de Nevers. Il ne resta pas longtemps dans les fonctions épiscopales, puisqu'il avait à peine 31 ans lorsqu'il abdiqua, et fit sa première apparition dans les Vosges.

9

Le peuple, enivré de ses charmes,
S'efforce en vain de le fléchir;
Cris suppliants, torrents de larmes,
Rien ne saurait le retenir.

10

Venez vers nous, prudent transfuge
D'un monde flatteur et pervers;
La Vôge vous offre un refuge
Au fond de ses vastes déserts.

11

Votre part sera la meilleure.
Bien plus: Tout un peuple nouveau,
Au lieu de celui qui vous pleure,
Sortira de votre tombeau.

10. A cette époque, la partie montagneuse de notre département était complétement dépeuplée et déserte. Les guerres civiles des Romains, puis les invasions des Barbares y avaient anéanti à la longue une civilisation assez florissante dans les siècles antérieurs. Quelques modernes ont essayé vainement d'arguer des vestiges de cette civilisation pour rejeter le témoignage des anciens chroniqueurs, unanimes à constater la désolation et la solitude absolue que saint Dié y trouva, et qui seules, du reste, l'y avaient attiré.

CHAPITRE II

Miracle de la poutre à Romont. — Essai d'établissement à Sainte-Hélène. — Persécution et châtiment. — Emigration en Alsace.

12

Romont voit son premier prodige.
Trop court pour son office, un bois,
Autant que la toise l'exige,
S'allonge docile à sa voix.

12. Lorsque saint Dié arriva au pays de Romont, on y construisait un château pour le seigneur du lieu, nommé Asclas; et tout le monde était en proie à une pénible agitation. Par suite d'une fausse mesure, la faîtière se trouvait trop courte, et il fallait recommencer le travail avec des retards et des frais imprévus. Asclas en était fort irrité, et l'architecte tout déconcerté. Instruit de ce fâcheux accident, saint Dié se fait conduire sur les lieux, recommande à tous le calme et la confiance, adresse à Dieu une courte et fervente prière, fait le signe de la croix sur la poutre, qui prend instantanément la longueur voulue pour sa destination. Asclas fit de vives, mais inutiles instances pour fixer l'homme de Dieu sur ses terres. Seulement saint Dié lui laissa un des trois disciples qu'il amenait de Nevers avec lui, Villigod, qui fonda ainsi le prieuré de Romont, et en

13

Admirant un saint à ce signe,
Asclas lui dit : Ange ou mortel,
De vous la terre n'est pas digne,
Et votre place n'est qu'au ciel.

14

Acceptez cependant l'asile
Que je vous propose en ce lieu.
Vous y serez libre et tranquille
Sous ma garde et celle de Dieu.

15

Non, Asclas; une voix secrète
Me dit: Cherche un désert profond,
Plus favorable à la retraite
Que la campagne de Romont.

16

Longtemps, sans demeure assurée,
Travailler, combattre, souffrir :
C'est la voie ardue et sacrée
Que Dieu m'appelle à parcourir.

devint le patron avec saint Martin, après sa mort. Les deux autres compagnons étaient Domnole et Déodat. Celui-ci mourut aussi en odeur de sainteté à Ebersmunster, comme nous le verrons plus loin.

17

Mais pour servir vos saintes vues
Je vous laisse ce tendre ami.
Elles ne seront point déçues ;
Oui, Romont est un lieu béni.

18

Villigod dans cette parole
Reconnait un ordre divin.
Avec Déodat et Domnole
Dieudonné poursuit son chemin.

19

Dans un vallon de l'Arentelle
Il veut fixer ses pas errants.
Aux alentours cette nouvelle
Jette en émoi les paysans.

19. Le lieu où saint Dié essaya de s'établir est situé entre les villages actuels de Pierrepont et de Sainte-Hélène, et s'appelle l'Etang. Le hameau habité par ses persécuteurs a si bien disparu qu'on ne peut plus même en déterminer la place. Cette population grossière et dissolue craignait que le saint ermite n'apportât quelqu'obstacle à sa licence, et que le territoire ne fût envahi insensiblement par un établissement qui pouvait

20

Contre lui le démon excite
La fureur d'un peuple grossier.
Il cède, et, sans se plaindre, il quitte
Ce séjour inhospitalier.

21

Mais Dieu fit sentir sa vengeance
A ces enfants d'iniquité,
Et poursuivit leur insolence
Jusque dans leur postérité.

CHAPITRE III

Stations de saint Dié près de Haguenau et de Benfeld. — Persécutions continuelles. — Voyage et séjour au monastère d'Agaune, ou de Saint-Maurice, dans le Valais.

22

Par delà les sombres montagnes
Qui se dressent à l'Orient,
D'Alsace il gagne les campagnes
Au ciel plus doux et plus riant.

devenir considérable. Ils tombèrent dès lors dans un hébètement étrange, et leur race s'éteignit à la seconde génération.

23

Etabli dans la Forêt-Sainte,
Aux environs de Haguenau,
Il semble soustrait à l'atteinte
De tout persécuteur nouveau.

24

Mais comme l'ancien patriarche,
Toujours errant et passager,
Au terme de sa longue marche
Il est loin, hélas ! de toucher.

25

L'enfer jaloux longtemps encore
Vexera l'humble fugitif.
On suspecte, on craint, on abhorre
L'anachorète inoffensif.

26

Jusqu'à Benfeld la noire envie
Va le harcelant de ses traits.
De fatigue il se réfugie
Près de Saint-Maurice, au Valais.

23. Chassé de Sainte-Hélène, Dieudonné avec ses deux compagnons, traversa les montagnes, entra en

27

Sous le joug de la discipline
Que suivent ses preux vétérans,
Avec promptitude il s'incline,
Disciple et maître en même temps.

Alsace et s'arrêta dans la Forêt-Sainte, Heiligenforst, près de Haguenau. Cette forêt s'étendait presque d'un bout à l'autre de l'Alsace; elle subsiste encore en partie entre le Rhin et l'Ill, sous le nom de Hart, dans une longue zone de terrain impropre à la culture. On l'appela Heiligenforst, à cause des saints religieux dont elle fut longtemps peuplée. Parmi eux, saint Dié connut saint Arbogaste et saint Florent, qui se succédèrent à cette époque sur le siége de Strasbourg. Toutefois, n'y trouvant pas le repos qu'il avait espéré, il remonta en 634 vers Benfeld, et y séjourna jusqu'en 640. En butte à de nouvelles et inexplicables vexations, il se retira momentanément au célèbre monastère d'Agaune, pour s'exercer à la vie de communauté avec les moines qui étaient des modèles de ferveur et de perfection monastique.

CHAPITRE IV

Retour de saint Dié dans la solitude. — Fondation d'Ebersmunster. — Amitié et munificences du duc Attic. — Sortie d'Ebersmunster et arrivée à Ammerschwihr. — Persécution et châtiment du goître. — Saint Dié invoqué contre cette affliction.

28

Dans cette douce quiétude
Saint Dié s'étant reconforté,
Retourne à l'âpre solitude
Pour laquelle il a tout quitté.

28 *et suiv.* — Le séjour de saint Dié au monastère d'Agaune ne fut probablement pas de longue durée. C'était la vie solitaire qu'il lui fallait. Mais toujours sa solitude se remplissait de compagnons, désireux de se former sous sa direction à la sainteté religieuse. De retour dans cette Alsace, qu'il aimait malgré les tribulations qu'il y avait supportées, il s'arrêta dans la partie de la Forêt-Sainte où s'est élevé Ebersmunster (Ebersheim-Munster), au nord-est de Schelestadt. Un grand nombre de religieux y suivaient un régime qui était un mélange de la vie érémitique et de la vie cé-

29

C'est le champ au trésor immense
Qu'il veut acquérir à tout prix
Par l'invincible patience
Dans la douleur et le mépris.

30

Ebersmunster, sous ce grand maître,
Devient l'école de la croix.
On court en foule s'y soumettre
A la sagesse de ses lois.

31

Qui le connaît, l'aime et le loue ;
Il est l'idole du public.
Mais nul au monde ne lui voue
Plus d'amour que le duc Attic.

nobitique, et dont la règle des Chartreux est la plus parfaite expression. Ils se groupèrent autour du nouveau-venu, qu'ils connaissaient déjà de réputation, et formèrent ainsi le grand couvent d'Ebersmunster. Le puissant duc Attic, le père de sainte Odile, se lia d'une amitié intime avec saint Dié, et le seconda très-efficacement en ce qui concernait le temporel de son établissement.

32

Par Attic le couvent prospère
Et se dilate au temporel;
Par son recteur bon et sévère
Il fleurit au spirituel.

33

Saint Dié de joie en surabonde;
Mais son cœur n'en est pas séduit.
D'une retraite plus profonde
Le besoin constant le poursuit.

34

Voulant qu'une main sûre achève
Et consolide son travail,
A Déodat, son digne élève,
Il remet le soin du bercail.

34. C'est dans cet intervalle qu'il faut placer le premier voyage que saint Dié fit à Trèves. Il lia connaissance avec saint Numérien, qui occupait alors ce grand siége, et saint Hydulphe, qui vivait en simple religieux à l'abbaye de saint Maximin. Il rapporta des reliques de ce saint Maximin, qu'il plaça plus tard, avec celles de saint Maurice, dans la grande église de la Galilée.

Voyant la fondation d'Ebersmunster suffisamment

35

Vers Mariville il s'achemine,
Libre, content, et plein d'espoir.
Au sein de la forêt voisine
Il se dresse un petit manoir.

développée et affermie, et voulant reprendre la vie solitaire, saint Dié confia la direction de cette fervente communauté à son disciple et fidèle compagnon Déodat, et remonta du côté de Colmar, jusqu'à Mariville (Ammerschwihr), où il essaya d'établir son nouvel ermitage.

35. Ce lieu, où dans la suite le bourg d'Ammerschwihr se forma, s'appelle en français Mariville, et dans les chroniques latines, *Wilra*, et *Amalrici Villare*. Les habitants, encore à moitié payens et barbares, ne purent supporter la présence d'un homme dont la sainteté les condamnait; et à force d'avanies, ils l'obligèrent à aller, deux lieues plus haut, se mettre sous la protection du comte Hunon, autre grand seigneur d'Alsace, parent et ami du duc Attic.

L'affliction dont la justice de Dieu les frappa fut un goître énorme, qu'ils contractèrent en masse, et que leurs enfants mêmes apportaient en naissant. Vainement les femmes enceintes cherchaient à préserver leur progéniture de cette infirmité hideuse en allant accoucher hors des limites du territoire. Ils ne furent délivrés que

36

Sa droiture avait été prise
A de fallacieux semblants.
Trop tôt la sûreté promise
Fit place aux mauvais traitements.

37

Pour prix d'un vertige funeste,
Ce peuple perfide et brutal,
Frappé par le courroux céleste,
Gagne en masse un horrible mal.

38

Malgré sa ruse extravagante,
Sa honte ne s'effacera
Qu'au jour où, l'âme repentante,
Aux pieds du Saint il tombera.

39

L'histoire explique de la sorte
Que parmi tant de malheureux,
Son cœur plus tendrement se porte
Au secours des pauvres goîtreux.

par saint Dié lui-même, aux pieds de qui ils vinrent se jeter dans le val de la Galilée; et c'est pour cela qu'on invoque saint Dié contre le goître.

CHAPITRE V

Saint Dié à Hunawihr. — Protection du comte Hunon. — Admiration et vénération des peuples. — Départ de saint Dié pour les Vosges. — Fontaine miraculeuse. — Sainte Hunne, la noble Lavandière.

40

Il s'éloigne; et de sa présence
Hunawihr est favorisé.
Des larmes de sa pénitence
Il sera longtemps arrosé.

41

De l'innocence désarmée
Hunon s'affirme le soutien;
Et puis, l'opinion transformée
Rend justice à l'homme de bien.

40. Le comte Hunon était en crédit à la cour des rois d'Austrasie. Sainte Hunne, son épouse, était cousine de sainte Richarde, et parente un peu plus éloignée de sainte Odile; elle tirait son origine des rois de Bourgogne. C'est de leurs noms, Hunon et Hunne, que le lieu

42

On voit dans un mortel fragile
Le miracle si ravissant
Du pur et sublime Evangile
En acte palpable et vivant.

43

Chacun bénit le saint aimable
Dans les plus rigides vertus ;
Et le Dieu toujours admirable
Dans le miroir de ses élus.

44

Lui, qui n'aime et n'ambitionne
Que l'oubli d'un monde trompeur,
Ne peut souffrir qu'on l'environne
De tant de respect et d'honneur.

45

Pour se dérober au supplice
De se voir partout exalté,
Il recherche une ombre propice
A sa profonde humilité.

où se trouvait leur château s'est appelé Huñawihr. On croit que l'église actuelle, qui a été construite pour servir aussi de forteresse, occupe l'emplacement même de cet ancien château.

46

La Vôge qu'il a parcourue,
A laissé dans son souvenir
Une solitude inconnue
Qui peut contenter son désir.

47

A son départ, une eau limpide
Jaillit du choc de son bâton :
Fontaine bénie, où réside
Une vertu de guérison.

47. La fontaine miraculeuse que saint Dié fit jaillir pour l'usage de sainte Hunne, coule encore dans l'enclos de l'église. La rivière où sainte Hunne allait laver auparavant est le Strengbach, qui descend de Ribeauvillé et passe à deux kilomètres de Hunawihr. Malheureusement, le Protestantisme a envahi ces lieux de bénédiction, et y domine encore aujourd'hui.

Sainte Hunne, par dévotion, aimait à laver les linges sacrés de l'autel, et les haillons des pauvres, qui sont sacrés aussi, parce qu'ils recouvrent les membres souffrants et humiliés de l'Homme-Dieu. Les autres châtelaines se moquaient d'elle, et lui donnaient dérisoirement le titre de *lavandière*. Sainte Hunne a ennobli ce titre, et sanctifié cette profession, dont elle est maintenant la céleste patronne. Jadis les lavandières de Saint-Dié célébraient annuellement sa fête en grande

48

Elle remplaça la rivière
Où Hunne allait au loin laver.
Ainsi l'auguste Lavandière
Acheva de la consacrer.

CHAPITRE VI

Passage de saint Dié au Bonhomme. — Son arrivée au Camberg. — Oratoire de saint Martin. — Incroyables austérités. — Secours miraculeux. — Loup rapace devenu sommier.

49

Du père que Dieu nous envoie,
Anges du ciel, guidez les pas;
Devant lui préparez la voie;
Volez le prendre dans vos bras.

pompe et dévotion. Pourquoi ont-elles abandonné cette antique et louable coutume ?

49. Saint Dié quitta Hunawihr et l'Alsace pour venir se fixer définitivement dans nos montagnes, vers l'an 659 ou 660. Ses différentes stations d'Ebersmunster, d'Ammerschwihr et de Hunawihr, remplissent une période de 18 à 20 ans. Qu'on y ajoute les 4 années de Haguenau et les 6 de Benfeld, et on verra que sur les

50

Tressaillez, heureuse contrée,
A l'approche du grand soleil
Par qui vous serez délivrée
Du poids de votre long sommeil.

51

Auprès des pâtres du Bonhomme
Il reçoit un touchant accueil.
De là ce bourg ainsi se nomme
Avec un légitime orgueil.

49 ou 50 de sa carrière érémitique, sauf la courte excursion d'Agaune, il en a passé près de 30 en Alsace; et que par conséquent, les Alsaciens ont raison de le considérer et de l'honorer comme un des plus grands et des plus saints personnages qui aient illustré et sanctifié leur belle province.

51. Pour venir dans cette contrée, il passa par les lieux appelés, en suite de son souvenir, le Bonhomme. Il s'y arrêta quelque temps, soit pour se reposer, soit pour évangéliser les pâtres qui y gardaient leurs troupeaux errant en liberté, et qui l'accueillirent comme un homme de Dieu, avec beaucoup d'affection et de respect. Car bien qu'il eût renoncé à la charge épiscopale pour s'occuper plus librement de sa propre sanctification,

52

De la Meurthe il gagne la plaine
Au mépris de mille dangers,
Et marchant moins qu'il ne se traîne,
Par les ravins et les rochers.

53

Près du Camberg il se repose
Et prolonge sa station ;
Car la beauté du lieu dispose
L'âme aux élans de l'oraison.

il ne négligeait pas les occasions d'annoncer la parole du salut, lorsqu'elles se présentaient ; et saint Pierre Damien loue sa sience et son éloquence apostolique. Mais il ne fut jamais missionnaire que par accident ; il voulut être et fut toujours en effet religieux, anachorète par goût et par choix, et cénobite par la force des choses.

Les bergers du Bonhomme auraient voulu retenir saint Dié au milieu d'eux, et s'offraient à lui construire une maisonnette et un oratoire. Mais il résista à leurs instantes sollicitations et prit congé d'eux en les remerciant et en les bénissant. La tradition porte qu'il entra dans la vallée de la Meurthe par le pré de Rave et par Laveline.

54

C'est là que voulait le conduire
Celui qui règle le destin.
Son premier soin fut d'y construire
Un oratoire à saint Martin.

55

Seul dans ces forêts ténébreuses,
Loin de tout secours, sans abri,
Aux souffrances les plus affreuses
L'intrépide ascète a souri.

56

De l'eau pure, d'amers herbages
Dépourvus de tout condiment,
Des racines, des fruits sauvages,
Voilà son chétif aliment.

57

Mais, ô puissance de la grâce
Que le mondain ne connait pas,
L'âpreté des peines s'efface
Et se transforme en doux appas !

58

Sans nul souci dans sa caverne,
Ce nouvel Elie au désert
Sait bien qu'en père Dieu gouverne
Celui qui l'aime et qui le sert.

59

Un jour pourtant le nécessaire
Lui fait entièrement défaut.
Alors un secours salutaire
Lui vient par miracle d'en haut.

59 *et suiv.* Ces faits, soit d'un secours miraculeux envoyé à saint Dié par ses protecteurs de Hunawihr, soit de l'âne qui depuis lors faisait régulièrement le trajet de Hunawihr au Camberg, sans conducteur, pour porter à saint Dié les provisions les plus indispensables, soit du loup, qui l'ayant dévoré, fut obligé par sainte Hunne à faire ce pénible service, tous ces faits, d'une apparence légendaire, sont néanmoins parfaitement historiques. Pour ce dernier, on lit quelque chose de tout semblable dans la vie de saint Aubert, évêque d'Avranches, et fondateur du fameux Mont-Tombe ou Saint-Michel, en Normandie.

Hunon et Hunne ne cessèrent de protéger saint Dié en toutes manières et de le combler de bienfaits. Ils

60

Dieu montre en songe sa détresse
A son fidèle ami Hunon,
Qui, le cœur anxieux, s'empresse
D'exécuter sa mission.

61

Hunne organise et diligente
L'activité de ses valets.
Des lots que sa main leur présente
Ils chargent chevaux et mulets.

62

Mais en quel lieu, par quelle route
Faut-il aller trouver le Saint ?
Ils abandonnent, dans ce doute,
Les animaux à leur instinct.

63

Par monts et par vaux ils décrivent
De longs circuits sans hésiter,
Si bien qu'au Camberg ils arrivent,
Et près du Saint vont s'arrêter.

firent à son monastère de Jointures de nombreuses et importantes donations, dont le Chapitre de Saint-Dié a joui jusqu'à la révolution.

64

Quelle bonne et joyeuse encontre
Où le Maître de tous les biens
Si visiblement leur démontre
Sa providence envers les siens !

65

Dès lors Hunne envoyait un âne,
Seul et sans guide par les bois,
Porter au Saint dans sa cabane
La provision de chaque mois.

66

Un jour que l'âne ainsi chemine,
Quelque loup féroce accourant,
L'immole, dans une ravine,
A son appétit dévorant.

67

Hunne ordonne que l'on amène
A sa barre le meurtrier,
Et le condamne, pour sa peine,
A remplacer l'humble sommier.

68

Et le vieux loup remplit l'office
D'un loyal et bon serviteur ;
Souvent en butte à la malice
Des gens dont il fut la terreur.

69

Mais en retour de la corvée
L'obligé donnait au glouton
Une honnête et franche lippée,
Avec sa bénédiction.

CHAPITRE VII.

Grande affluence de moines au Camberg. — Défrichement du sol. — Construction de deux églises et d'un couvent à Jointures. — Nom passager du couvent et de la vallée. — Cession de la vallée au couvent. — Colonies monacales de Sainte-Marguerite, de Mandray et de Bertrimoutier.

70

La sainteté du solitaire
Rayonne au loin comme un flambeau
Dont la bienfaisante lumière
Ne peut rester sous le boisseau.

71

Pour s'éclairer à cette lampe
Et se réchauffer à ses feux,
Des moines de la vieille trempe
Au Camberg arrivent nombreux.

72

Tandis que le fer de la hache
Au travers des bois se fait jour,
La charrue a la rude tâche
De mettre la terre en labour.

73

L'illustre patriarche est l'âme
De ce puissant travail des mains.
Mais surtout son zèle est de flamme
A former un peuple de saints.

72. La partie inférieure et moyenne du val actuel de Saint-Dié ressemblait alors à un immense marécage. La rivière, appelée fort justement la Meurthe, c'est-à-dire, la Morte (Morta), ne se traçait un lit déterminé, et ne prenait un cours sensible et régulier qu'au delà d'Etival. Une forêt vierge, inextricable, couvrait toute la surface du pays. Le défrichement, l'assainissement et la mise en culture du territoire furent un véritable travail de géants.

74

En ces propices conjonctures,
On fait choix d'un site charmant
Sur la colline de Jointures
Pour bâtir un vaste couvent.

75

Par la faveur la plus insigne
La Reine elle-même des cieux
A l'architecte le désigne
Dans un songe mystérieux.

75. Le moine qui présidait à la préparation des matériaux dans la montagne d'Ormont, se laissa une fois surprendre par la nuit, et n'osant hasarder le passage de la rivière dans l'obscurité pour aller rejoindre ses frères à Saint-Martin, il se détermina à prendre son repos sous un arbre touffu à la garde de Dieu, et s'y endormit. Pendant son sommeil, la Sainte Vierge lui apparut, et lui déclara qu'elle voulait avoir en cet endroit même une église où elle se plairait à prodiguer toutes sortes de grâces spirituelles et temporelles à quiconque y viendrait l'invoquer. Telle fut l'origine surnaturelle du sanctuaire si vénérable de Notre-Dame de Saint-Dié. Et la Sainte Vierge a bien tenu ses promesses, tant que la foi et la ferveur des fidèles ont secondé le mouvement de sa maternelle bonté.

76

L'œuvre sera vite accomplie,
Et les vœux du ciel satisfaits.
Vient d'abord le temple où Marie
Veut être honorée à jamais.

77

Tout près, un second sanctuaire
Déploie ensuite sa beauté.
A leur ombre le monastère
Abrite la communauté.

78

Les reliques des saints Vocables
Dont on y place le trésor,
Parent ces temples vénérables
Mieux qu'ornements de pourpre et d'or.

79

De la superbe Galilée
La vulgaire appellation

78. Dans ses excursions à Agaune et à Trèves, saint Dié avait reçu de précieuses reliques, surtout de saint Maurice et de saint Maximin. Ce fut à ces deux vocables, et spécialement au premier, qu'il dédia l'église principale.

79. Galilée est l'ancienne forme du mot actuel Gale-

Illustre la belle vallée
Dont le roi lui fait cession.

80

Après ce labeur magnifique,
Vaillant vieillard, dans le repos
Savourez la manne mystique
Que Dieu réserve à ses héros.

81

Mais bien plus grand est l'édifice
Que ses mains fondent sur la foi,
Et cimentent dans la justice
Et l'amour ferme de la loi.

82

Cette vie active et sereine
Bouillonne et grandit chaque jour.
Il faut que la ruche trop pleine
Jette ses essaims alentour.

rie, et signifie en particulier un cloître, et par extension, un monastère.

82. Bientôt le Val-de-Saint-Dié devint aussi animé qu'il avait été mort et oublié pendant deux ou trois siècles. Les paysans y arrivaient de toutes parts pour exploiter, à l'ombre du Cloître, les terres nouvelles offertes à leur activité. Surtout l'affluence des moines fut si considérable que le couvent ne suffit bientôt

83

Ce fut à Sainte-Marguerite
Que le premier alla s'asseoir.
Un autre à Mandray prit son gîte,
Comme ce nom le laisse voir.

84

Une émigration dernière
S'envole avec son chef Bertier
Sur la colline heureuse et fière
De s'appeler Bertrimoutier.

plus à les contenir. Une foule de petits hermitages se formèrent dans toute la contrée; et beaucoup de moines vivaient isolément, soit dans des cavernes, soit dans des huttes de branchages, et ne se réunissaient à la communauté de la Galilée que pour les cérémonies communes. Trois colonies plus importantes s'établirent à Ste-Marguerite, à Mandray (nom gaulois qui signifie station, résidence) et à Bertrimoutier, c'est-à-dire, Monastère de Bertier, qui en fut le fondateur et le premier directeur. C'est ainsi que ce Val était devenu une nouvelle Thébaïde, et au point de vue religieux, un vrai paradis terrestre.

Tous ces religieux dispersés par groupes plus ou moins nombreux, ou tout à fait isolés dans la contrée, demeuraient sous l'autorité et la direction de saint Dié, qui les visitait souvent et les maintenait dans leur ferveur primitive par la singulière autorité de sa parole et de ses exemples.

CHAPITRE VIII

Arrivée de saint Hydulphe dans les Vosges, et fondation de Moyenmoutier. — Touchante union des deux saints patriarches et de leurs communautés.

85

Hydulphe, qui d'abord contemple
D'un œil pieusement ravi
Ce grand et merveilleux exemple,
Le suivra lui-même à l'envi.

85. Saint Dié avait fait à Trèves plusieurs voyages dans lesquels il s'était mis en rapport intime avec saint Hydulphe. Il l'avait d'abord trouvé simple religieux à la célèbre abbaye de saint Maximin, puis monté glorieusement sur ce siége métropolitain, qui était un des plus importants de l'Eglise d'Occident. L'exemple et les pressantes exhortations de l'évêque de Nevers entraînèrent l'archevêque de Trèves à l'imiter. Il y avait 13 ans que saint Dié habitait ce val, quand saint Hydulphe vint s'établir dans le voisinage. C'était en 672 ou 673. Ils vécurent encore l'un près de l'autre pendant 6 ou 7 ans.

Les moines de Senones firent à saint Hydulphe la rétrocession d'une partie de leur territoire. Il établit

86

Escorté d'un noble entourage,
Du Christ le nouveau chevalier
Vient camper dans le voisinage,
Et fonder le Moyen-Moutier.

87

Un même esprit inspire, anime,
Conduit ces généreux soldats ;
Et l'union la plus intime
Les soutient dans tous leurs combats.

88

Les moines dont ils sont les pères,
Tout pleins de ce divin esprit,
S'entr'aiment comme de bons frères
Dans le doux Cœur de Jésus-Christ.

son monastère entre celui de Senones et celui d'Etival; ce pourquoi il l'appela tout simplement Moyen-Moutier, Monastère du Milieu.

86. Saint Hydulphe, comme saint Dié, avait amené avec lui dans la solitude un certain nombre de nobles et courageux compagnons, dont plusieurs ont mérité d'être placés sur les autels après leur mort.

89

Aussi venaient-ils, chaque année,
Par un beau soleil de printemps,
Passer ensemble une journée,
Et fraterniser, à Béchamps.

90

Marques d'amitié cordiale,
Discours et cantiques pieux
Suivis d'une agape frugale :
Tel était ce jour radieux.

91

Des deux Saints les robes sacrées,
Après leurs bienheureux décès,
Puis, leurs reliques vénérées
Présidaient ces touchants congrès.

89. Béchamps, ou Belchamp, est en effet un beau plateau, entre Urbach et La Voivre, à égale distance de Saint-Dié et de Moyenmoutier. Une croix, qui a remplacé une chapelle, marque le théâtre de ces pieuses et touchantes réunions, dont la coutume subsistait encore plus de mille ans après la mort des deux saints patriarches, et auxquelles on apportait de part et d'autre leurs tuniques et leurs reliques vénérées pour les représenter.

CHAPITRE IX.

Dernier voyage de saint Dié à Ebersmunster. — Bénédiction du couvent et dédicace de l'église. — Retour à Jointures et à Saint-Martin.

92

Tandis que la Vôge tressaille
A cette rénovation,
Sans cesse Novient travaille
Et marche à sa perfection.

93

L'œuvre achevée, Attic demande
Au Fondateur de la bénir,
Afin qu'elle vive et s'étende
Jusqu'au plus lointain avenir.

92. En 669 ou 670, il alla faire la consécration de la grande église d'Ebersmunster. Le duc Attic, par qui cette église avait été construite, obtint sans peine une faveur aussi désirée et aussi raisonnable, du saint ami qui était le vrai fondateur du monastère. On croit que ce fut son dernier voyage, et qu'il ne sortit plus de son couvent de Jointures et de son ermitage de Saint-Martin jusqu'à sa mort.

Il s'était conservé auprès de son oratoire primitif de

94

Portant bien sa verte vieillesse,
Toujours allègre pèlerin,
Saint Dié, non sans quelque allégresse,
D'Ebersheim reprit le chemin.

95

Par une auguste dédicace
Il consacra le saint couvent,
Qui, de son passage en Alsace,
Reste le plus beau monument.

96

Charmé de ce pèlerinage,
Le dernier qu'il fit ici-bas,
Il revint à son ermitage
Attendre l'heure du trépas.

Saint-Martin, une cellule isolée, où il aimait à se retirer, loin du monastère, pour jouir de cette solitude absolue qui faisait toujours ses délices. En cela il reproduisait l'admirable modèle donné par saint Colomban. Ce fut donc là qu'il passa ses derniers jours, et qu'il voulut mourir entre les bras de saint Hydulphe, de qui il reçut les derniers sacrements. Mais il fut inhumé dans l'église de Notre-Dame. La grande église n'était pas encore achevée.

CHAPITRE X.

Derniers moments et précieuse mort de saint Dié entre les bras de saint Hydulphe.

97

La fin d'une vie aussi belle
Doit être la plus belle mort.
Au signal secret qui l'appelle,
Son âme éprouve un saint transport.

98

Reclus dans sa chère cellule,
Il s'abandonne à sa ferveur,
Au désir du ciel dont il brûle,
Au feu qui consume son cœur.

99

Hydulphe en hâte vient lui-même
Le munir des secours divins,
Qui doivent, à l'heure suprême,
Fixer nos immortels destins.

100

Aux sons de sa voix, Dieu console
Le séraphique moribond,

Et change en céleste auréole
La sérénité de son front.

101

Pars de ce monde, âme chrétienne,
Au nom de Dieu je te le dis !
Il n'est plus rien qui te retienne ;
Vole joyeuse au paradis.

102

Grand saint, vous avez la victoire;
Entrez au ciel en conquérant;
Et sur le trône de la gloire
Allez vous asseoir triomphant.

102. Il mourut le dimanche 19 juin 679, après quelques années d'épiscopat et 49 ou 50 de vie solitaire et cénobitique. Son millénaire fut célébré avec une solennité extraordinaire, en 1679, par l'initiative et sous la direction de l'illustre grand prévot du Chapitre, François de Riguet, à la joie et aux acclamations de toutes les populations de la contrée. Mgr de Briey, 8e évêque de Saint-Dié, lui prépare une fête encore plus grandiose pour le douzième centenaire qui arrive en cette année 1879.

CHAPITRE XI.

Sépulture de saint Dié dans l'église de Notre-Dame. — Ses miracles. — Châtiment des frelons à Sigolsheim. — Ses reliques. — Son 12e centenaire. — Devoir de ses enfants. — Invocation finale.

103

Devant l'autel de Notre-Dame
Le saint corps est enseveli.
La voix des miracles proclame
La vertu dont il est rempli.

104

Aux yeux de l'Eglise ravie
Leur vif rayonnement fait voir
Que dans la céleste patrie
Saint Dié jouit d'un grand pouvoir.

105

Comme autrefois à sa défense
Dieu porte un intérêt jaloux.
Le téméraire qui l'offense
S'expose aux traits de son courroux.

106

L'histoire intègre et véritable
Nous a transmis avec grand soin
L'exemple à jamais mémorable
Dont tout Savaumont fut témoin.

107

Afin de se rendre bénigne
La face du juge éternel,
Le comte à saint Dié d'une vigne
Avait fait don perpétuel.

108

Mais son cœur était équivoque.
Dès que saint Dié vient à mourir,
De la foi jurée il se moque,
Et reprend son bien sans rougir.

109

La justice de Dieu fut prompte
A punir sa déloyauté.
Il ne retira que la honte
De sa basse cupidité.

106. Savaumont, ou Savamont, est le nom que les populations françaises de ces parages ont toujours donné à Sigolsheim.

110

Elle éclate vive et soudaine
Alors qu'en un pompeux festin
D'amis une troupe mondaine
S'apprête à déguster son vin.

111

Au lieu du précieux liquide
Recueilli par les vignerons,
Il ne sort de la tonne vide
Qu'un affreux essaim de frelons.

112

Ces petits monstres en furie
Assaillent les joyeux viveurs,
Dont la foule fuit ahurie
En poussant d'horribles clameurs.

113

C'est folie avec Dieu de feindre,
Et contre ses saints de ruser.
Il est encore sage de craindre
Ceux que l'on doit le plus aimer.

114

Saint Dié par la miséricorde
Signale surtout son crédit.

Point de requête qu'il n'accorde
A tout ce qui souffre et gémit.

115

En toute angoisse ses reliques
Sont un sûr et doux réconfort,
Et contre les terreurs publiques
De tous les remparts le plus fort.

116

C'est la digue toute-puissante
Qu'Hydulphe oppose aux grands fléaux,
Tels que la flamme dévorante,
Ou la fureur des grandes eaux.

116. Saint Hydulphe avait revendiqué la tunique de saint Dié comme un souvenir de leur pieuse et inaltérable amitié. Avec ce gage sacré, qu'il présentait de ses mains pures et pleines de mérites, aux regards du Très-Haut, il éteignait les incendies, il refoulait les inondations, il arrêtait les ravages de la peste. Elle fut rendue au monastère de Jointures après la mort de saint Hydulphe.

Les populations chrétiennes de ces montagnes sont toujours venues chercher, et ont toujours trouvé dans les restes mortels de saint Dié un puissant secours contre les malheurs publics et privés, et elles n'ont cessé

117

Si son pouvoir parfois sommeille,
C'est qu'en nous-mêmes la foi dort.
Que la prière le réveille,
Il reprendra tout son ressort.

118

Dans ce solennel centenaire
De notre bien-aimé Patron,
Que l'allégresse populaire
Jusqu'au ciel exalte son nom.

119

Et qu'en retour la grâce inonde
De ses flots le peuple pieux,
Germé de la cendre féconde
De son sépulchre glorieux.

de les avoir en grande vénération jusqu'à ces derniers temps.

Ces précieuses reliques reposent dans une superbe châsse, due à la généreuse piété de S. E. Mgr Caverot, évêque de Saint-Dié pendant 27 ans, et maintenant cardinal-archevêque de Lyon et primat des Gaules.

120

Enfants de sa noble famille,
Restons dignes d'un tel honneur.
Qu'en nous sa foi revive et brille
D'une indéfectible splendeur.

121

Du haut du ciel, ô Père tendre,
Applaudissez à ce beau jour.
Sur vos enfants daignez répandre
Tous les trésors de votre amour.

St-Dié, Typ. L. Humbe

www.ingramcontent.com/pod-product-compliance
Ingram Content Group UK Ltd.
Pitfield, Milton Keynes, MK11 3LW, UK
UKHW020447180726
13839UKWH00004B/1670

9 782329 219059